ENQUÊTE SUR LA LIBERTÉ

DU

COMMERCE DES GUINÉES

AU SÉNÉGAL

CHAMBRE DE COMMERCE

DE BORDEAUX

Séance du 5 mai 1880.

BORDEAUX

IMPRIMERIE G. GOUNOUILHOU

11, rue Guiraude, 11.

1880

ENQUÊTE SUR LA LIBERTÉ

DU

COMMERCE DES GUINÉES

AU SÉNÉGAL

CHAMBRE DE COMMERCE

DE BORDEAUX

Séance du 5 mai 1880.

BORDEAUX

IMPRIMERIE G. GOUNOUILHOU

11, rue Guiraude, 11.

1880

ENQUÊTE SUR LA LIBERTÉ

DU

COMMERCE DES GUINÉES

AU SÉNÉGAL

CHAMBRE DE COMMERCE DE BORDEAUX

Séance du 5 mai 1880.

Le mercredi 5 mai 1880, à deux heures, la Chambre de commerce s'est réunie à l'hôtel de la Bourse, dans la salle ordinaire de ses séances.

Présents :

<table>
<tr><td>MM. LALANDE, président.</td><td>MM. CUZOL.</td></tr>
<tr><td>H. PROM, vice-président.</td><td>LABRUNIE.</td></tr>
<tr><td>BEYLARD, secrétaire.</td><td>DANEY.</td></tr>
<tr><td>MARC MAUREL, trésorier.</td><td>GUESTIER.</td></tr>
<tr><td>BRUNET.</td><td>SCHŒNGRUN-LOPÈS-DUBEC.</td></tr>
<tr><td>ABEL BAOUR.</td><td>LAGROLET.</td></tr>
<tr><td>HENRI BALARESQUE.</td><td>FAURE.</td></tr>
<tr><td>WUSTEMBERG.</td><td></td></tr>
</table>

M. Gradis est absent par congé.

M. le **Président** appelle la Chambre à délibérer sur la

question des Guinées, qui est à l'ordre du jour de la séance.

Il donne lecture :

1° D'une lettre de M. le Ministre de l'agriculture et du commerce, en date du 21 avril, pressant la Chambre de formuler à l'égard de cette question des Guinées l'avis qu'il lui a réclamé par lettre du 2 février dernier ;

2° D'une lettre de M. Schœlcher, sénateur, vice-président de la Commission supérieure des colonies, en date du 2 mai, demandant à recevoir dans un délai de quinzaine les demandes de négociants qui voudraient être admis à déposer devant la Commission, au sujet de la même question.

M. le Président informe qu'il a fait insérer dans les journaux, et afficher dans la Bourse, la communication de M. Schœlcher.

M. le Secrétaire relit d'abord la lettre suivante, adressée le 20 avril par MM. Chaumel-Durin, F. Vermeil et A. Vincent, Léopold Lalanne, et qui a été insérée au procès-verbal de la séance du 20 avril dernier, sur la demande des signataires :

« Bordeaux, le 20 avril 1880.

» *Monsieur le Président et Messieurs les Membres*
de la Chambre de commerce.

» Messieurs,

» Nous avons eu l'honneur de recevoir une convocation pour concourir à l'enquête que la Chambre de commerce a eu la pensée d'ouvrir, dans le but de réunir les éléments de la réponse que vous devez faire aux questions posées par M. le Ministre du commerce, au sujet du régime douanier des toiles guinées, à leur entrée au Sénégal.

» Nous sommes persuadés que la Chambre, dans sa sollicitude pour tout ce qui touche au mouvement commercial de notre ville, se préoccupe vivement d'une question qui l'intéresse d'une manière toute particulière, puisque Bordeaux jouit, depuis une époque reculée, du privilège à peu près exclusif de l'importation des toiles bleues de Pondichéry et de leur exportation vers le Sénégal.

» Un élément d'affaires aussi spécial ne pouvait échapper à l'attention de la Chambre, qui s'efforce d'encourager les entreprises propres à augmenter la prospérité commerciale de notre port, sans abandonner la défense de celles dont il jouit par un heureux privilège naturel.

» Nous trouvons, en effet, une preuve de cette sollicitude à l'égard des intérêts généraux, dans l'appel que la Chambre vient de faire aux commerçants engagés dans les affaires de toiles bleues, dont l'existence est mise en ce moment en question.

» Représentant de l'importation, nous n'aurions pas hésité à répondre au désir de la Chambre, et à lui fournir les renseignements que notre situation et nos relations avec la colonie française de Pondichéry nous permettent de posséder sûrement, si nous ne pensions pas que la procédure adoptée par la Chambre de commerce est susceptible de soulever (bien involontairement nous en sommes convaincus) certaines difficultés contre lesquelles nous avons l'impérieux devoir de nous prémunir.

» Vous n'ignorez pas, Messieurs, qu'à la suite de diverses pétitions en sens contraire renvoyées par les Chambres aux Ministres de la marine et du commerce, la Commission supérieure des Colonies qui siège à Paris a été saisie de la question par le Gouvernement. Cette Commission a formé dans son sein une sous-commission chargée spécialement de faire un rapport après une étude approfondie.

» Depuis plusieurs mois la sous-commission ainsi nantie s'occupe de réunir tous les renseignements propres à élucider la question, et à la soumettre dans son ensemble aux délibérations de la Commission supérieure. A cet effet elle a reçu des ministres compétents une série de nombreux documents, elle doit avoir communication des avis demandés aux Chambres de commerce ; enfin elle a annoncé qu'elle appellerait les divers intéressés à déposer devant elle. Cette sous-commission poursuit donc une vaste enquête qui embrassera la question non seulement dans son ensemble, mais dans ses détails.

» Dans cette situation, nous nous sommes demandés si la convocation qui nous a été adressée par la Chambre de commerce, n'était pas contraire aux dispositions administratives adoptées par le Gouvernement, et si les représentants du commerce d'importation de la guinée de l'Inde qui seront entendus par la Commission supérieure des Colonies, pouvaient valablement concourir à former, par leur participation dans une enquête, l'avis de la Chambre de commerce qui doit lui-même être soumis à l'appréciation de cette même assemblée.

» Nous croyons que la Chambre de Commerce, dans un but éminemment louable, s'éloigne de la seule voie que la dépêche ministérielle lui a ouverte, et se substitue au rôle de la Commission supérieure. Quelques reconnaissants que nous soyons de la marque de bienveillante sollicitude qu'elle a bien voulu nous donner en nous convoquant, nous ne pouvons pas dans de semblables conditions nous rendre à son invitation, afin de réserver la plénitude de nos droits à être entendus dans la seule enquête ouverte par le Gouvernement, et éviter qu'une fin de non-recevoir nous soit opposée.

» Nous vous prions, Messieurs, de voir simplement dans notre détermination la légitime préoccupation de sauvegarder des intérêts que nous avons le devoir de défendre devant la Commission supérieure des Colonies. Nous sommes convaincus que vous agréerez favorablement nos excuses en faveur du grave motif que nous invoquons, sans oublier la déférence que nous devons aux invitations des représentants du commerce bordelais.

» Nous désirons, Messieurs, que cette lettre soit déposée sur votre bureau dans la séance de ce jour, et qu'elle figure au procès-verbal; nous aimons à penser que vous ne verrez aucun inconvénient à acquiescer à notre demande.

» Recevez, Messieurs, nos respectueuses salutations.

» *Signé:* Chaumel–Durin, Léopold Lalanne,
F. Vermeil et A. Vincent.

M. le Secrétaire donne ensuite lecture de la déposition que M. Émile Maurel a faite au nom de diverses maisons du Sénégal et qui a déjà été lue en séance du 20 avril.

« **M. E. Maurel** déclare qu'il aurait demandé l'insertion au procès-verbal de la lettre qui vient d'être lue, si les signataires n'avaient pris soin de le demander. Car les fins de non-recevoir et les arguments de procédure par lesquels ces Messieurs semblent contester à la Chambre le droit de prendre l'avis des intéressés, ne sont que des prétextes pour fuir un débat contradictoire, et il est utile de constater cette attitude. Tout en regrettant de ne pas se trouver en face de ses adversaires, il dira simplement son avis, sauf à le reproduire s'il est appelé à le défendre devant la Commission supérieure des colonies.

» M. le Ministre du Commerce demande à la Chambre :

» 1° Si le décret du 19 juillet 1877 qui accorde un traitement de faveur aux guinées de l'Inde importées au Sénégal doit être maintenu ou rapporté.

» 2° Si, dans le cas où le décret serait maintenu, il doit être modifié de manière à étendre aux guinées d'origine française de tous poids, la faveur réservée seulement aux guinées de 1ᵏ800 la pièce de 15 mètres.

» Pour apprécier la valeur et la portée du décret du 19 juillet 1877, il faut distinguer d'une part le principe sur lequel il se fonde et d'autre part les intérêts qu'il a pour but de favoriser et ceux qu'il a compromis.

» Dans la direction des affaires privées aussi bien que dans celle des affaires publiques, il est indispensable de se guider sur les principes généraux qui régissent la matière dont on s'occupe. Quand on s'écarte de ces principes, pour se régler sur des intérêts secondaires et passagers, on se lance fatalement dans des expédients et des aventures dont les conséquences sont incalculables.

» Le décret du 19 juillet 1877 avait pour but de modifier le régime douanier de la colonie du Sénégal. Il devait donc, tout d'abord, se baser sur le principe qui domine le régime douanier de nos colonies. Examinons quel est ce principe.

» Au temps du pacte colonial et du système protecteur, les colonies étaient des marchés réservés pour l'écoulement des produits manufacturiers de la métropole. Toutes marchandises de provenance étrangère étaient sévèrement exclues. Les guinées de l'Inde avaient seules accès au Sénégal, et encore ne pouvaient-elles y être importées qu'après être passées dans un entrepôt de la métropole. Par contre les produits des colonies ne pouvaient être expédiés qu'en France et y jouissaient d'un traitement de faveur. Les produits similaires des colonies étrangères étaient écartés par des droits élevés, par des surtaxes de pavillon, des surtaxes d'entrepôt, etc.

» En 1860 le régime économique et commercial de la France fut profondément modifié. Au lieu de protéger, c'est-à-dire subventionner les commerçants et industriels, avec des fonds provenant de l'impôt, le Gouvernement s'efforça de les mettre en mesure de soutenir la concurrence étrangère, en diminuant les charges qui pesaient sur eux, en leur ouvrant des débouchés au dehors, en leur procurant les matières premières et les transports par mer aux conditions les plus favorables. Les produits coloniaux destinés à nos manufactures furent admis en franchise, sans distinction de provenance et par tous pavillons. Nos colonies voyaient ainsi leurs privilèges sacrifiés à l'industrie nationale et se trouvaient directement en concurrence avec les colonies étrangères pour la vente de leurs produits sur le marché français.

» Était-il possible de leur contester le droit d'exporter leurs produits où elles en trouveraient un meilleur prix et de recevoir les objets manufacturiers nécessaires à leur consommation des pays qui les offraient aux conditions les plus avantageuses?

» Le décret du 24 décembre 1864 leur accorda ces immunités et leur permit de recevoir des marchandises de toutes provenances et par tous pavillons sans distinction de traitement.

» C'est le principe qui sert de base aujourd'hui au régime douanier de nos colonies. Toutes jouissent de la liberté commerciale la plus étendue.

» C'est dans cette situation que le décret du 19 juillet 1877 est venu introduire au Sénégal le régime protecteur, non pas en faveur de l'industrie française en général, ni même d'une industrie spéciale telle que l'industrie des colonnades, mais au profit d'un ou deux particuliers qui fabriquent un tissu spécial, la guinée, et dans le but de leur assurer un monopole.

» Comment justifier cette atteinte au principe de la liberté commerciale, au principe de l'égalité de tous les Français devant la loi, cette anomalie dans le régime douanier des colonies? On ne l'essaie même pas, car on sent que ce serait impossible.

» Parcourez cette brochure de 67 pages dans laquelle les filateurs de Pondichéry et leurs correspondants à Bordeaux, s'efforcent de défendre le privilège qu'ils ont réussi à se faire concéder; vous n'y trouverez pas un seul argument de principe.

» Tous leurs raisonnements tendent à dissimuler la violation des principes par des considérations secondaires plus ou moins confuses dont une seule se détache bien clairement. C'est leur intérêt personnel. Ils n'ont point d'autre objectif; c'est ce qui explique l'âpreté, la ténacité qu'ils mettent à la défense de leur privilège.

» Les négociants sénégalais au contraire n'obéissent à

aucune suggestion d'intérêt individuel ; ils poursuivent avec persistance, mais sans passion, le redressement d'une injustice qui met obstacle au développement de leur colonie et du commerce français :

» Je défie qu'on explique autrement leurs protestations unanimes.

» Le décret du 19 juillet 1877 est un fait isolé, une exception unique dans le régime douanier de nos colonies ; c'est comme un champignon, un parasite qui s'y est attaché et que toutes ont un égal intérêt à voir arracher au plus tôt ; il constitue un danger permanent et sert de précédent aux nouvelles entreprises qui pourraient être faites contre leurs droits et leur liberté.

» Quelle est, en effet, la portée du décret du 19 juillet 1877 ? Il frappe d'un droit de 1 fr. 20 par pièce, soit 120 fr. par balle de 100 pièces, toute guinée importée au Sénégal, d'ailleurs que de Pondichéry ; car la limite du poids de 1 kil. 800 gr. écarte même les guinées fabriquées en France. Il en résulte pour les filateurs de Pondichéry la faculté de vendre leurs guinées 120 fr. de plus par balle qu'ils ne les vendraient s'ils n'étaient pas protégés contre leurs concurrents. Le décret n'aurait pas de raison d'être, et les filateurs de Pondichéry ne s'y accrocheraient pas avec tant d'énergie, s'il n'avait cet effet.

» Le cultivateur sénégalais qui achète leur guinée dans ces conditions, leur paie donc une prime que rien ne justifie ; il ne la paie pas volontairement, mais contraint et forcé par l'effet de la loi, il est frappé d'un impôt au profit d'un particulier. Sur environ 6,000 balles de guinées qui sont importées annuellement au Sénégal, les consommateurs paient, à raison de 120 fr. par balle, 720,000 fr.; mais sur cette somme, les deux tiers seulement soit 480,000 fr. vont dans les caisses du Trésor public; les 240,000 fr. restant sont perçus, de par le décret de 1877, par les fabricants de guinées de l'Inde; c'est incontestable, et je le répète, s'il n'en était pas ainsi, ces fabricants ne désireraient pas le maintien du décret.

» Mais il y a plus encore : la protection a pour but, elle doit avoir pour résultat d'augmenter la part de la guinée de l'Inde dans les importations du Sénégal, et le jour où cette sorte entrerait dans ces importations pour la moitié ou pour les deux tiers, les bénéfices des filateurs de l'Inde seraient accrus, mais les revenus de la colonie seraient diminués d'autant, et il deviendrait nécessaire d'y créer de nouveaux impôts.

» Mais comment donc le Gouvernement a-t-il été amené à bouleverser ainsi le régime douanier du Sénégal?

» Il y avait à Pondichéry une Société commerciale qui exploitait un établissement de filature et tissage et fabriquait la guinée en concurrence avec les tisserands et les teinturiers indiens; elle réalisait des bénéfices considérables; mais une administration imprévoyante compromit cette prospérité et amena la liquidation de la Société. L'établissement, vendu aux enchères, fut acquis par une nouvelle Société qui essaya de reprendre la fabrication. Mais l'outillage était usé, démodé, hors d'état de produire dans des conditions de prix permettant de supporter la concurrence des fabriques européennes; de plus la guerre d'Amérique avait eu pour effet d'établir un courant d'exportation de coton de l'Inde vers l'Europe, ce qui en avait élevé le prix sur les lieux de production.

» Les actionnaires ne voulant pas augmenter le capital qu'ils avaient mis dans l'entreprise, s'efforcèrent de persuader au Gouvernement que le sort de notre colonie indienne tout entière était lié à la prospérité de leur établissement : ils y réussirent si bien qu'on leur accorda pour renouveler leur outillage une subvention annuelle de 100,000 fr. pendant trois ans, soit une somme de 300,000 fr. Le travail achevé, il n'y avait plus de prétexte pour inscrire au budget une rente en faveur d'une Société particulière : c'est alors que les actionnaires, gens habiles et puissants, tinrent aux Ministres le langage des solliciteurs discrédités : «Nous ne vous demandons plus d'argent, » mais seulement une signature ; cela ne vous coûtera » rien. »

» Le Ministre de la marine et le Ministre du commerce, ou plutôt les bureaux de ces deux ministères, oublièrent facilement leurs traditions libérales ; mais au ministère des Finances, la Direction générale des Douanes résistait au retour du système protecteur dans nos colonies. On décida de faire une enquête. Mais ce fut une de ces enquêtes administratives, conduites dans un demi-jour discret, où l'on ne consulte pas directement les intéressés, mais leurs représentants officiels, et où les questions sont posées de telle sorte que celui que l'on interroge ne peut deviner la portée que l'on peut donner à sa réponse.

» Ce n'est que dans la pétition des filateurs de Pondichéry qu'il m'a été donné de lire le texte complet du questionnaire qui avait été préparé pour la Guyane et le Sénégal.

» Quoi qu'il en soit, il est certain que la majorité des personnes consultées se prononça contre le projet.

» Le député du Sénégal (il y en avait un alors) protesta

vivement au sein du Conseil supérieur du commerce ; la Chambre de commerce de Bordeaux n'eut pas la bonne pensée de consulter les intéressés, comme vous le faites aujourd'hui, Messieurs, ce qui lui aurait permis d'aborder la question et de donner un avis complet ; mais elle vit une question de principe engagée et déclara qu'on ne pouvait créer pour un article unique un traitement spécial en opposition avec le régime douanier de la colonie.

» Savez-vous dans cette enquête quelle serait la seule déposition qui aurait été favorable au projet? Le croiriez-vous? Ce serait le Sénégal! Les Sénégalais auraient demandé eux-mêmes à être entravés dans leurs affaires, à être imposés au profit des filateurs de l'Inde. Ces bons Sénégalais seraient vraiment bien naïfs : il doit y avoir à distinguer dans cette affirmation ; examinons :

» Lorsque le questionnaire fut envoyé au Sénégal, il y avait un Gouverneur nouveau : avant de quitter Paris, il avait été mis au courant du but que l'on poursuivait, et n'avait garde de contrarier les vues de ses supérieurs. De plus, il prit ses informations auprès d'un négociant, membre du Conseil privé, président de la Chambre de commerce ; pouvait-il s'adresser à un homme mieux posé et plus compétent? Non certes ; mais il eut dû en chercher un plus désintéressé ; car c'était le représentant à Saint-Louis, et l'associé de l'un des propriétaires de la filature de Pondichéry. Vous devinez aisément la réponse du Gouverneur ; mais vous appréciez aussi l'autorité qu'il convient de lui attribuer.

» La Chambre de commerce ne fut point réunie, dans la crainte sans doute que la discussion n'obscurcît la question ; le Président rédigea une réponse au questionnaire, dont vous avez pu lire le texte; la demande de protection en faveur des guinées de l'Inde s'y glisse adroitement au milieu de considérations sur les excès de la concurrence.

» Un soir, la veille du départ du courrier, cette réponse fut présentée aux représentants des maisons de commerce; ils signèrent naïvement, de confiance; mais, dès le lendemain matin et par le même courrier, ils appelèrent l'attention de leurs patrons à Bordeaux sur cette pièce, dont la portée leur échappait.

» Immédiatement une protestation, dont vous avez aussi le texte, fut envoyée au Ministre par les maisons de Bordeaux. Elle a dû lui arriver en même temps que la pièce signée à Saint-Louis. Ces deux documents sont connexes, ils se complètent, on ne peut les séparer, et s'appuyer sur l'un sans le contrôler par l'autre. Mais la suite va vous montrer s'il est vrai que le Sénégal ait demandé les chaînes qu'il s'efforce de briser aujourd'hui.

» Au mois de juin 1877, les Sénégalais apprirent qu'un décret allait être rendu, prohibant l'importation à Saint-Louis de toutes les guinées autres que celles de l'Inde. Ils donnèrent mandat à M. H. Rabaud et à M. E. Maurel de se rendre à Paris pour éviter, s'il était encore temps, la perturbation dont notre colonie était menacée. Nous fûmes reçus par M. l'amiral Gicquel Destouches en présence de M. Michaux, directeur des Colonies, qui voulut bien nous lire le projet de décret. C'est bien d'une *prohibition* qu'il s'agissait; car le droit imposé aux guinées d'origine étrangère et même d'origine française pesant moins de 1 kilog. 800 la pièce était de 3 fr. par pièce de 15 mètres ou 300 fr. par balle de 100 pièces; telle était la barrière que les filateurs de Pondichéry estimaient suffisante pour

se garantir contre la concurrence et pour conquérir le
monopole des guinées sur le marché du Sénégal. Entre
amis, en l'absence de tout contradicteur importun, on
avait arrêté ce taux, le décret était rédigé et prêt à être
signé.

Sur 5 à 6,000 balles que peut consommer le Sénégal,
c'eût été pour la société de Pondichéry une prime annuelle
de 1,500,000 à 1,800,000 fr.

Vous jugez de la vivacité de nos protestations.
M. Michaux qui avait pris récemment la direction des
Colonies, comprit immédiatement la gravité de la mesure
à laquelle il avait failli être entraîné. Il nous déclara qu'il
avait trouvé ce décret tout préparé par son prédécesseur ;
que, tout en regrettant que le principe de la protection
eût été admis en faveur d'une de nos colonies au
détriment d'une autre, il doutait que les trois ministères
qui devaient y concourir consentissent à reprendre une
enquête et des études qui duraient depuis deux ans ; mais
qu'il n'admettait pas que le droit protecteur édicté en
faveur des filateurs de l'Inde dépassât celui qui est établi
en France pour des tissus similaires ; que ce droit, qui
est de 15 0/0 en principe, est ramené dans le tarif à
10 ou 12 0/0.

» Nous étions admis au bénéfice des circonstances atté-
nuantes ; le décret, rendu quelques jours après, fixe le
droit à 1 fr. 20 par pièce ou 120 fr. par balle.

» Pendant que M. H. Rabaud et moi défendions ainsi le
terrain pied à pied à Paris, les commerçants de Saint-
Louis adressaient une pétition au Gouverneur pour le
supplier de s'opposer à l'établissement des nouveaux droits
différentiels. Aussitôt le décret promulgué, ils lui adres-
sèrent une nouvelle pétition pour lui signaler la pertur-

bation qu'il jetait dans les affaires et le prier de le faire rapporter.

» Ces deux suppliques, dont vous avez lu le texte, furent signées par *tous* les négociants patentés de Saint-Louis. *Une seule signature* y manquait, c'est celle de ce membre du Conseil privé, président de la Chambre de commerce, puis maire de Saint-Louis, qui avait pour s'abstenir les bonnes raisons que je vous ai indiquées.

» Et pour avoir lutté ainsi contre le sentiment public, contre les intérêts de la Colonie, il a perdu tout crédit, toute la popularité dont il jouissait depuis plusieurs années.

» L'élection d'un député, les élections du Conseil général se sont faites sur cette question. Les candidats élus ont été ceux qui se déclaraient décidés à réclamer la liberté du commerce des guinées.

Enfin le Conseil général, dans sa première réunion, a émis *à l'unanimité* le vœu que le décret du 19 juillet 1877 fût rapporté; et le Président du Conseil, dans son discours de clôture, a déclaré au Gouverneur que ses collègues sont tout disposés à étudier les mesures propres à combler le déficit que la suppression du droit différentiel des guinées causerait dans le budget de la colonie.

» J'espère qu'après ces nombreuses et éclatantes manifestations, nous n'entendrons plus affirmer que le Sénégal a sollicité l'établissement d'une protection en faveur des guinées de l'Inde.

» Et alors que reste-t-il?

» Devant des négociants expérimentés comme vous, Messieurs, il n'est pas utile de discuter cet argument fantastique, que la guinée est la monnaie usitée au

Sénégal dans les échanges avec les Maures, et que la moralité du commerce exige que le type de cette monnaie ne soit pas altéré ; ce qui conduirait à prohiber l'importation de toute guinée non conforme au type officiel. Dans un pays où le commerce se fait par voie d'échange direct, toute marchandise devient une monnaie, et l'administration aurait fort à faire s'il lui fallait constater la qualité de chacune, et marquer d'un coin officiel chaque pièce d'étoffe, chaque feuille de tabac, etc.

» On nous dit encore que les consommateurs de guinées au Sénégal ne sont pas des Français, et que n'ayant pas de concurrence à craindre dans nos rapports avec eux, il n'y a aucun danger à leur faire payer les guinées aussi cher que possible.

» Nous répondons que les Maures qui récoltent la gomme, les noirs qui cultivent les arachides et autres produits qui alimentent notre commerce sont les Français du Sénégal, et qu'ils sont Français au même titre que les Indiens de Pondichéry ; que l'augmentation de la production agricole est la condition essentielle du développement et de la prospérité de notre colonie ; et que la France a le plus grand intérêt à éviter toute mesure arbitraire, injuste et vexatoire qui, dans le seul but d'enrichir quelques industriels, diminuerait le bien-être des cultivateurs sénégalais.

» Si l'industrie de Pondichéry a encore besoin d'assistance pour se mettre au niveau de ses rivales, c'est la France qui doit faire les frais de cette protection ; il n'y a aucun motif équitable de le mettre à la charge d'une autre colonie.

» Nous ne demandons pas que l'on frappe d'un droit

élevé toutes les gommes et arachides importées en France d'ailleurs que du Sénégal; nous ne demandons que le retour au droit commun et l'intégralité du régime douanier logique et libéral qui nous a été concédé en 1864.

» J'ai la confiance que la Chambre de Commerce, mieux édifiée sur la question, persistera dans l'avis qu'elle a donné en 1876 et demandera avec nous le rapport du décret du 29 juillet 1877. Elle ne saurait sans un fâcheux éclat se mettre en contradiction avec les principes libéraux dont la défense lui a assuré une si grande et si légitime autorité. »

M. le Président demande à M. E. Maurel s'il a quelques données sur l'importance de la filature à Pondichéry et s'il sait notamment que cette industrie fait vivre 20,000 habitants.

M. E. Maurel croit savoir que Pondichéry ne compte pas plus de 20,000 habitants en tout. L'établissement de filature et tissage de MM. Amalric et Chaumel-Durin peut donner du travail directement ou indirectement à un millier de personnes; car vous savez qu'il en faut peu pour occuper un Indien.

Il existe en outre deux autres manufactures de moindre importance; puis un grand nombre de tisserands indigènes qui filent à la main, tissent au métier et teignent en plein air. J'ai même ouï dire que ces tisserands indigènes étaient exclus du bénéfice de la protection édictée par le décret de 1877, parce qu'ils ne peuvent produire à la douane un certificat d'origine constatant que les fils dont ils se servent ont été filés dans la colonie.

M. le **Président** fait cette seconde question : Les commerçants français se trouvent-ils à la côte d'Afrique en concurrence avec des négociants anglais pour l'échange des guinées et des arachides ?

M. **E. Maurel** répond que dans tous les comptoirs français, anglais et portugais de la côte d'Afrique, ce sont à peu de chose près les mêmes marchandises qui ont cours. Quand un négociant français achète au Sénégal 100 kilog. d'arachides et donne en paiement deux pièces de guinées revenant l'une à 8 fr. plus 1 fr. 90 de droits de douane et d'octroi, il paie en réalité $(8 + 1, 90) \times 2 = 19$ fr. 80. Un négociant anglais de Gambie qui achète la même quantité d'arachides au même prix et les paie aussi en guinées, donne deux pièces qui reviennent à 8 fr. l'une, plus le droit de douane de 2 0/0 *ad valorem* $= 0$ fr. 16, soit en tout $(8 + 0,16) \times 2 = 16$ fr. 32. Il paie donc la même quantité d'arachides 3 fr. 50 de moins que le Français. Et quand ces deux négociants arrivent à Marseille, ils sont traités par la douane française sur un pied d'égalité absolue.

Eh bien ! Il est clair que si le négociant anglais paie en guinées il fait plus de bénéfices que le français, et s'il paie en argent il pourra payer plus cher au cultivateur indigène. La culture se trouve donc plus encouragée dans la Gambie que dans le Sénégal. Si cette inégalité était le résultat d'une situation normale, il faudrait s'efforcer de la faire disparaître en diminuant les dépenses d'administration de notre colonie ; mais si elle tient à l'existence d'un impôt établi dans un intérêt étranger et passager, l'intérêt public exige que cet impôt soit aboli sans retard.

C'est un fait notoire que l'application du décret

de 1877 a eu pour effet, dès l'année 1878, de déplacer le commerce des guinées anglaises; les Maures, pouvant les acheter à Rufisque à 2 fr. et 2 fr. 50 de moins qu'à Saint-Louis, avaient abandonné cette ville. Pour faire droit aux doléances des marchands, on n'a rien trouvé de mieux que d'étendre le décret à Rufisque et aux autres comptoirs dépendant de Gorée. C'est le moyen de faire tourner le déplacement d'affaires au profit de la colonie anglaise de Gambie; la vente des guinées y prend une extension inconnue jusqu'ici (1).

M. Schœngrun fait les observations suivantes en réponse à la déposition de M. Maurel.

« Dans une de nos précédentes séances, notre honorable Président, en rendant compte de ce qui s'était passé dans la commission des guinées, m'a qualifié du titre de défenseur de la Filature, je tiens à rectifier cette erreur.

» En vertu d'un principe on ruinerait une colonie française et un commerce essentiellement bordelais, j'en prends la défense, tout en désirant au Sénégal une continuation de prospérité qui n'est pas incompatible avec celle de Pondichéry.

» La question qui nous occupe n'est pas nouvelle; c'est pour la troisième fois qu'on demande l'opinion de la Chambre sur le régime des guinées. Vous étiez suffisamment renseignés; vous avez pensé, toutefois, qu'avant de

(1) Le procès-verbal omet de mentionner la déposition de M. Omer Tesseire. — Il a déclaré que se trouvant à Saint-Louis en 1877, il fut chargé par tous les négociants et traitants de se rendre auprès du Gouverneur pour le prier de s'opposer à la promulgation du décret dont on était menacé. M. Brière de L'Isle parut approuver les raisons qui lui furent exposées et laissa espérer qu'il les transmettrait au Ministre. Il n'en a rien fait, et demeure encore sur cette question en opposition d'idées avec la population qu'il administre.

repondre au Ministre il y avait lieu de procéder à une
enquête. Avis en fut donné aux intéressés.

» Vous venez d'entendre la déposition de M. Émile
Maurel au nom de six maisons s'occupant du commerce
du Sénégal; six autres, également en relations avec cette
colonie, n'ont pas répondu à votre appel, ne jugeant pas
sans doute leurs intérêts compromis.

» Un troisième groupe, tout en vous exprimant ses
regrets, s'est également abstenu par le motif que, devant
prochainement déposer devant la Commission supérieure
des colonies, il considérait comme un double emploi
l'enquête ouverte par la Chambre de commerce.

» Un des membres de ce groupe, permettez-moi d'ap-
peler votre attention sur cette circonstance, intéressé dans
une des principales filatures de Pondichéry (Savanah) dont
il reçoit les produits à Bordeaux, est également négociant
sénégalais. Ses affaires avec cette colonie sont considérables, il y expédie notamment beaucoup de guinées et se
trouve ainsi à Saint-Louis le concurrent de ses acheteurs
de Bordeaux.

» Cette double qualité a donné lieu à de fréquentes
discussions entre les intéressés, à une polémique très
vive, et n'est certainement pas étrangère à l'importance
qu'a prise la question des guinées. Vous en trouvez des
traces dans la déposition de l'honorable M. Maurel. En
effet, la filature de Savanah est son principal objectif; il
en fait l'historique et ne lui ménage pas la critique, et ce
n'est qu'à une question de M. le Président sur l'importance des filatures de Pondichéry qu'il mentionne les
divers autres établissements et ceux des natifs, tout en
prétendant à tort que ces derniers ne participent pas aux
avantages du décret.

» Je ne suivrai point l'honorable M. Maurel dans l'historique des divers incidents qui ont précédé le décret, ni dans la revue rétrospective et comparative entre l'ancien pacte colonial et le régime économique inauguré en 1860, et autres considérations qu'il termine par une profession de foi libre-échangiste en vous demandant d'unir vos efforts aux siens pour extirper le dernier champignon de la protection.

» Nous sommes tous partisans de la liberté commerciale qui, en créant des relations internationales, facilite les affaires, en augmente l'activité, arrête les hausses exagérées des denrées et préserve de la disette; nous en avons fait l'expérience dans l'année qui vient de s'écouler.

» Mais l'excès en tout est un mal; il n'y a rien d'absolu; l'exagération, même des meilleurs principes, conduit souvent à des mauvais résultats.

» En voici un exemple frappant :

» Autrefois les Antilles françaises tiraient leurs farines de la métropole, principalement de Bordeaux dont les marques sont renommées. C'était :

> un travail productif pour nos minotiers,
>
> un fret pour nos navires,
>
> des affaires pour les négociants.

Tous ces avantages furent anéantis par le décret de 1864, l'abolition des droits profita à l'Amérique seule. Sa proximité de nos colonies lui permit de se substituer aux expéditeurs français, et cet important trafic nous fut enlevé sans compensation au profit d'un pays qui frappe nos produits de 50 à 100 % de droits.

» Quant au consommateur de la Martinique, il recueillit de tristes avantages, car voici ce qui s'est passé :

» Il y a environ deux ans, il y eut une atteinte à la

santé publique ; l'autorité s'en émut et ordonna l'analyse des denrées alimentaires : on constata un mélange de plâtre dans beaucoup de farines américaines.

Le décret de 1877 n'a d'ailleurs rien innové en matière économique ; il met l'industrie française au Sénégal à l'abri des dispositions qui la défendent en France. C'est un retour à la législation de 1861 qui a inauguré la réforme douanière.

» Il résulte, en effet, du rapport fait le 2 février 1861 par M. Chasseloup-Laubat, de l'exposé des motifs rédigé le 22 mai suivant par le Conseil d'État, du rapport fait par la Commission du Corps législatif, que les colonies devraient être considérées comme des départements français au point de vue de l'introduction des produits manufacturés étrangers et que les mêmes taxes qu'à leur entrée en France devaient leur être appliquées. Le Conseil supérieur du Commerce et de l'Industrie dans sa première session de 1876 conclut dans le même sens.

» Or, la surtaxe de 1ᶠ20 par pièce, imposée aux guinées étrangères importées au Sénégal, représente 0ᶠ15 de moins que le droit de 1ᶠ35 dont elles seraient frappées à leur entrée en France. Le consommateur de l'intérieur de l'Afrique doit-il donc être plus favorisé que le consommateur français ?

» C'est contrairement à l'opinion émise par les corps constitués et les hommes éminents auxquels nous devons la réforme douanière et les traités de commerce de 1860, que l'on a modifié la législation coloniale par le décret de 1864 qui, par une étrange contradiction, après avoir établi : « ART. 1ᵉʳ. — Que les marchandises de toute » provenance et par tous pavillons seront admises sans » distinction de traitement dans les colonies », consacre par son article 2 spécial au Sénégal, un monopole qui est la méconnaissance la plus absolue de la liberté commerciale.

« ART. 2. — L'accès du fleuve Sénégal au-dessus de » Saint-Louis, continuera à être interdit aux bâtiments » étrangers. »

Récemment un nouveau décret en date du 22 mars dernier qui a obtenu l'approbation du Conseil général de la colonie, est venu fortifier, consacrer et changer en véritable prohibition un privilège déjà si exorbitant. Le texte est précis et ne laisse place à aucune interprétation, il explique que désormais : « les personnes appartenant à » la nationalité française, jouissant de leurs droits civils » et politiques, pourront seules exercer la traite des » gommes. »

» Ce monopole n'est-il pas une protection suffisante contre l'introduction en franchise dans les ports français de la gomme arabique, qui d'ailleurs n'a pas tout à fait les mêmes emplois que celle du Sénégal?

» Quant aux arachides, c'est à tort que l'on a prétendu que le décret de 1877 sur les guinées en paralyse la culture.

» En fait, depuis le 17 juillet 1877, les récoltes d'arachides n'ont pas cessé d'augmenter au Sénégal. Voilà une première réponse décisive. Mais il y a mieux, la guinée n'entre que pour une part tout à fait infime dans l'achat de ces graines oléagineuses, la traite des arachides se faisant presque exclusivement avec des pièces de 5 francs

» Il n'est pas sans opportunité de faire remarquer qu'il existe une autre industrie coloniale, le sucre, dont le gouvernement n'a pas voulu la ruine et que l'on a sauvé en imposant les sucres indigènes produits par le sol français.

» Enfin, pour en terminer avec cet appel incessant à la liberté commerciale et vous donner une nouvelle preuve que les adversaires du décret de 1877 n'ont pas toujours eu cette rigueur de principe.

» Voici comment ils s'expriment dans un document dont ils ne peuvent nier l'authenticité et la portée (Mémoire remis au Gouverneur le 2 juin 1876, portant la signature de toutes les grandes maisons sénégalaises de Bordeaux) : « L'autorité ne saurait, sans faiblir à sa mission, » se désintéresser dans une question si importante (com- » merce du fleuve) sous prétexte d'*orthodoxie économique*. » Repoussons donc la détestable maxime : *Périssent nos* » *colonies plutôt qu'un principe*. Vous écarterez comme » dangereuse cette théorie fatale, etc. »

» Je crois, Messieurs, avoir suffisamment démontré que les principes du libre-échange ne sont invoqués que faute de meilleur argument.

» La question ainsi dégagée de détails accessoires et de toute discussion théorique, il restera à examiner la réponse à faire à la demande du Ministre du Commerce.

« Le décret du 19 juillet 1877 qui accorde un traitement » de faveur aux guinées de l'Inde (on a omis d'ajouter et » aux guinées d'origine française) importées au Sénégal » doit-il être maintenu ou rapporté?

» Je réponds : oui, il doit être maintenu, et vous serez de mon avis, Messieurs, si je prouve d'une manière incontestable que son maintien est avantageux pour la colonie de Pondichéry, qu'il a sauvé d'une ruine complète; favorable à un commerce essentiellement bordelais, qui ne peut disparaître sans amoindrir la propriété de notre place, et enfin qu'il ne porte aucune atteinte à la fortune du Sénégal.

» Ces preuves ressortent avec force et évidence de l'étude des faits, et les adversaires du décret seront obligés de reconnaître qu'il ne les blesse pas dans leurs intérêts, mais seulement dans leur conscience de libre-échangistes.

» Pour démontrer ce qui précède, permettez-moi de tracer un rapide aperçu des diverses phases traversées par la guinée de l'Inde.

» Depuis un temps immémorial jusqu'en 1864, Pondichéry fournissait exclusivement au Sénégal les toiles bleues nécessaires aux échanges. Ce fut une époque longue et heureuse pour le commerce de ces deux colonies ; des rapports suivis existaient également entre Bordeaux et notre établissement de l'Inde, où de nombreux navires, trouvant dans les guinées une partie de leur chargement, le complétaient par d'autres produits : riz, sésames, huiles de coco, indigos, etc. ; une importation de plusieurs millions était acquise ainsi à notre port.

» Deuxième période, application du décret de 1864, c'est-à-dire suppression de la surtaxe sur les guinées européennes.

» Le Sénégal est envahi par les toiles étrangères, notamment une guinée anglaise de qualité si inférieure qu'on la surnomme *fausse monnaie,* et que les maisons de Bordeaux durent adresser une lettre collective aux manufacturiers de Manchester, les menaçant de cesser tout achat s'ils persistaient à fabriquer des toiles au dessous de 1ᵏ 400ᵍʳ la pièce de 15 mètres ; en outre, par une convention écrite, les expéditeurs s'engagèrent réciproquement à cesser tout envoi au Sénégal de guinées du poids ci-dessus. Engagement qui ne fut pas longtemps respecté.

» Quoi qu'il en soit, Pondichéry ne put, après quelque temps, continuer la lutte ; ses filatures ruinées se fermèrent et Bordeaux perdit un élément d'affaires important.

» Sur les réclamations de la Chambre de commerce de Pondichéry et des maisons de notre place en relations avec l'Inde, le gouvernement, après avoir accordé sous forme de primes un secours insuffisant, s'émut de la situation, et à la suite d'une enquête dans l'Inde et au Sénégal, promulgua le décret de 1877, qui soumet la guinée étrangère importée au Sénégal au même droit dont elle serait frappée à son entrée en France.

» Depuis l'application de cette législation, qui a déjà une durée de trois ans, les statistiques de douane prouvent avec éloquence que le Sénégal n'a pas souffert, et il n'est pas une maison sénégalaise qui puisse sérieusement soutenir et surtout démontrer que ce qui a sorti Pondichéry de la ruine a affecté la prospérité du commerce sénégalais. »

M. le **Président** dit que les maisons les plus fortement intéressées dans le commerce sénégalais paraissent en très grande majorité d'accord pour demander la suppression du décret du 19 Juillet 1877. Il lui paraît du reste rationnel de ne pas admettre une exception au droit commun en faveur du seul article guinée, et la colonie du Sénégal est fondée à demander pour cet article le même traitement que pour toutes les autres marchandises. M. le Président ne juge pas qu'il soit possible de déroger à ce principe en invoquant l'intérêt de la colonie de Pondichéry.

Après échange d'observations entre les divers membres, M. le Président met aux voix l'avis à exprimer sur les questions posées par M. le Ministre de l'Agriculture et du Commerce dans sa lettre du 2 février dernier, dont la Chambre a pris connaissance dans sa séance du 4 du même mois et qui sont ainsi formulées :

« 1° Le décret du 19 juillet 1877 qui a modifié le » régime des guinées à leur importation au Sénégal doit-il » être maintenu dans sa teneur ou rapporté?

» 2° Le traitement de faveur édicté par cet acte à » l'égard des guinées nationales du poids de 1,800 gram- » mes doit-il être étendu aux guinées de tout autre » poids? »

Quatre membres se prononcent en faveur du maintien du décret du 19 juillet 1877.

Trois membres se prononcent contre le maintien de ce décret.

La Chambre émet l'avis que la deuxième question ne présente qu'un intérêt très secondaire.

Il est décidé qu'en réponse à la lettre de M. le Ministre du Commerce du 2 février, il lui sera transmis copie du procès-verbal des séances de la Chambre contenant les lettres ou rapports relatifs à la question des guinées et le vote qui est intervenu.

Bordeaux. — Imp. G. GOUNOUILHOU, rue Guiraude, 11.

www.ingramcontent.com/pod-product-compliance
Lightning Source LLC
LaVergne TN
LVHW022248030726
842520LV00009B/1600